Marionnettes à doigts

pages 10-11

Direction éditoriale : Guillaume Pô
Édition : Christine Hooghe et Aurélie Vigne
Direction de création : Laurent Quellet
Direction artistique : Armelle Riva
Conception et réalisation graphique : Claude Poirier
Photographies : Olivier d'Huissier
Textes, modèles et illustrations : Christophe Boncens
Fabrication : Florence Bellot

Dépôt légal : mars 2011
Photogravure : Point 4
Imprimé en Belgique par Proost
ISBN : 978-2-215-10264-9
MDS : 590953
1re édition – n° P11031

Loi n°49-956 du 16 juillet 1949 sur les publications destinées à la jeunesse.

LES PETITS CRÉATEURS

Papier et carton

Christophe Boncens

FLEURUS
www.fleuruseditions.com

Les secrets pour tout réussir

Matériel

Récupère les rouleaux de papier toilette, d'essuie-tout, de scotch de peintre ou d'emballage, les tubes de papier d'aluminium, de film alimentaire, de papier cadeau, de kraft...
Garde les cartons d'emballage, les boîtes à chaussures, ainsi que la cartonnette des boîtes de céréales.
Il te faudra aussi du papier de couleur, de la ficelle, des brochettes en bois, des bouchons et des bouteilles en plastique.

La peinture

Protège la table. Utilise de préférence de la peinture acrylique, plus couvrante que la gouache. Pour unifier le carton, tu peux commencer par poser une couche de blanc. Laisse bien sécher entre chaque couleur ou chaque couche. Nettoie tes pinceaux à l'eau tiède et au savon.

Comment reporter un patron

Tu trouveras les patrons au début et à la fin du livre. Par transparence, reporte-les sur du papier calque ou du papier blanc très fin. Découpe-les.

Pose la forme sur le support souhaité. Maintiens-la pour qu'elle ne bouge pas, puis trace le contour au crayon.

La colle

Utilise de la colle blanche vinylique.

Mesurer les rouleaux

Utilise une règle.
Trace des repères selon la longueur désirée.

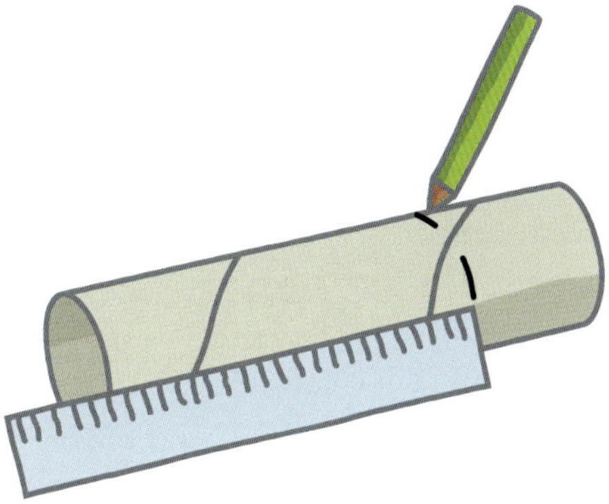

Enroule un papier à la hauteur des repères et relie-les.

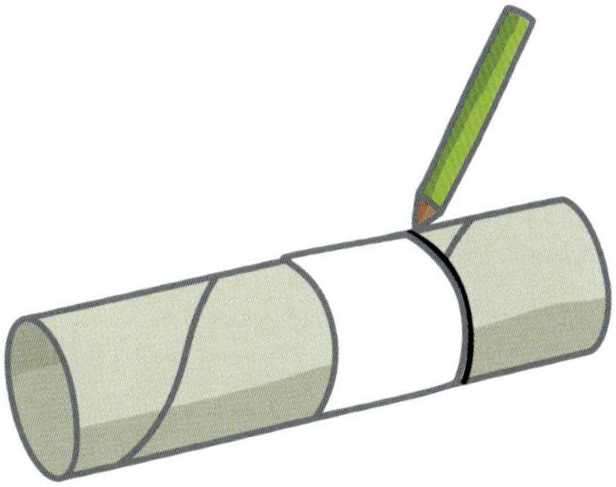

Découper les rouleaux

Découpe en biais, jusqu'à la ligne, puis suis-la.

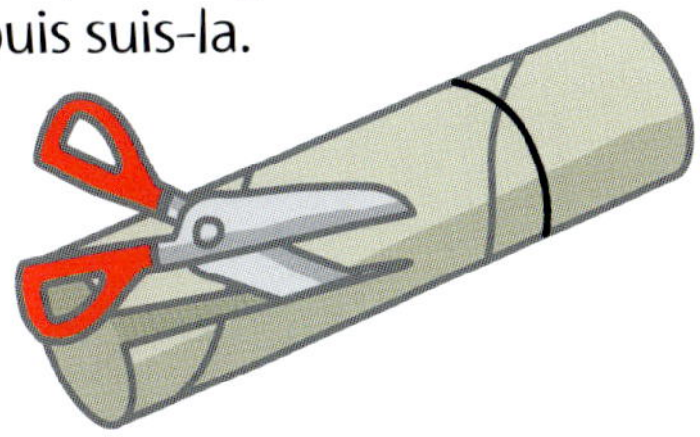

Pour ne pas gâcher le carton ou pour les tubes plus rigides, demande à un adulte d'utiliser un cutter.

Rondelle de cartonnette ou de papier

Elles bouchent les rouleaux. Pose un rouleau sur du papier ou de la cartonnette. Trace son contour, puis découpe la rondelle.

Le papier mâché

Prépare de la colle à papier peint, selon la notice du fabricant.

Déchire des morceaux de papier journal. Trempe-les dans la préparation et applique-les sur le support, en les chevauchant.
Laisse bien sécher.

Animaux très rigolos

Matériel ***• papiers de couleur : carrés de 21 cm de côté et chutes • • feutre noir • colle • ciseaux •***

Les patrons se trouvent au début du livre.

1

Plie une feuille pour marquer les diagonales et repérer le centre. Plie les 4 coins vers le centre du carré.

2

Retourne ce nouveau carré. Plie de nouveau les 4 coins jusqu'au centre.

3

Plie en deux le carré obtenu. Ramène les 4 angles vers le centre. Colle-les deux à deux.

4

Dans différents papiers, reporte et découpe les détails. Découpe aussi les moustaches et les dents du lapin. Dessine au feutre les pupilles et les pattes. Colle tous ces éléments.

La langue de la grenouille

Découpe une bande de papier rouge de 20 x 1 cm. Enroule-la autour du feutre pour qu'elle prenne la forme d'une spirale. Colle-la.

Glisse 4 doigts dans les creux à l'arrière et presse-les doucement pour donner l'illusion que l'animal parle.

Marionnettes à doigts

Matériel • *papiers de couleur* • *colle* • *ciseaux* • *feutre noir* • *crayons de couleur* •

1

Reporte les patrons des personnages sur du papier couleur chair, ceux des vêtements, des chapeaux, des yeux et des cheveux sur d'autres couleurs.

2

Découpe les éléments. Décore les chapeaux. Colle les habits et les cheveux. Dessine les détails du visage.

3

Demande à un adulte de découper 2 trous au bas du personnage et une encoche de 2 cm au niveau des cheveux.

Les chaussures

Pour les chaussures, colle des petites bandes en formant un tube. Décore-les au crayon ou avec du papier.

Choisis un chapeau et des chaussures.
Glisse l'index et le majeur dans les 2 trous.
En route pour une promenade !

Les patrons
se trouvent au début
du livre.

À la pêche !

Matériel ***• boîte de céréales • carton fin • ficelle • 2 brochettes en bois • • peinture et pinceaux • ciseaux • colle •***

Les patrons se trouvent à la fin du livre.

1

Découpe une face de la boîte. Recolle les côtés.

2

À l'aide des patrons, trace sur le carton fin les formes pour fabriquer plusieurs poissons, 2 hameçons et 2 flotteurs. Découpe-les.

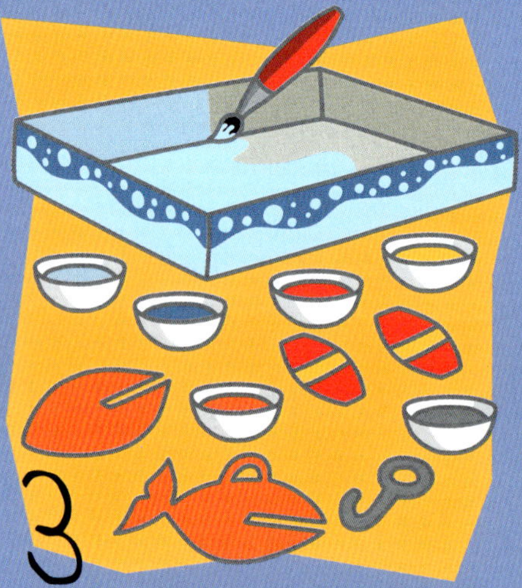

3

Peins la boîte et les éléments découpés. Ajoute les yeux des poissons.

4

Emboîte et colle les 2 parties des poissons.

Cannes à pêche

Colle les 2 faces d'un flotteur, en emprisonnant la ficelle. Noue la ficelle à la brochette et attache l'hameçon à l'autre extrémité.

Invite tes amis
à une partie de pêche.
Qui attrapera le plus
de poissons ?

Tirelire-bus

Matériel ***• boîte en carton (thé, tisane) • papiers de couleur • carton rigide • règle • • ciseaux • colle • crayon à papier • peinture et pinceaux •***

1

Recouvre la boîte de papier orange, puis demande à un adulte de découper une fente au centre du couvercle.

2

Sur du papier gris, trace une bande de la longueur des deux petits côtés de la boîte et d'un des grands. Dessine la forme des roues.

3

Découpe l'ensemble. Colle-le au bas de la boîte.

4

Dans des papiers de couleur, découpe les fenêtres et les autres éléments de décor.

5

Sur le carton, dessine la forme du fond. Découpe-le à l'aide d'un adulte. Peins les arbres et le sol. Colle la tirelire contre le fond.

Choisis des portraits de toi et des membres de ta famille. Colle-les sur les fenêtres.

Bas les masques !

Matériel ***• carton d'emballage • bouteille d'eau gazeuse en plastique • • journaux • scotch • ciseaux • crayon • colle à papier peint • peinture • pinceaux • • papier blanc • agrafeuse • élastique rond • règle •***

La recette du papier mâché se trouve p. 7.

Les patrons se trouvent à la fin du livre.

1

Reporte le patron sur le carton et découpe-le. Demande à un adulte de découper le goulot de la bouteille en plastique à environ 13 cm du bouchon.

2

Place le goulot sur le masque. Trace son contour, puis découpe-le.

3

Scotche le goulot sur le masque. Recouvre l'ensemble de papier mâché. Laisse sécher.

4

Peins le masque.

5

Dans du papier blanc, reporte 2 fois le patron des dents et découpe-les. Dans du papier noir, découpe des bandelettes pour les moustaches. Colle tous les éléments.

Agrafe de chaque côté du masque les extrémités d'un morceau d'élastique adapté à ton tour de tête.

Château modulable

Matériel *• rouleaux de carton de différents diamètres et hauteurs • compas • • papiers de couleur • magazines • colle • ciseaux • peinture et pinceaux •*

1

Peins les rouleaux. Laisse sécher, puis décore-les avec des papiers de couleur ou des motifs découpés dans les magazines.

2

Colle des rondelles de papier pour fermer les tours, de même diamètre ou plus large.

3

Pour les toits, trace des cercles de différents diamètres, dans du papier rouge. Découpe-les.

4

Découpe dans ces ronds un angle plus ou moins grand en partant du centre du cercle. Colle les 2 bords pour former un cône.

Buissons et arbres

Reporte les patrons sur du papier vert et découpe-les. Peins les troncs des arbres.

Pour peupler ton décor, tourne la page !

Château modulable

Matériel *• tubes en carton • ciseaux • colle • papiers de couleur •*
• compas • peinture et pinceaux • règle • crayon •

Les personnages

1

Demande à un adulte de couper des morceaux de tube de 4,5 cm. Peins-les. Laisse-les sécher.

2

Colle une rondelle de papier de couleur sur les têtes, du même diamètre ou plus large.

Cheveux bouclés

Découpe des bandelettes. Enroule-les autour d'un crayon. Colle-les sur la tête.

Chapeau pointu

Forme un cône, de la même manière que pour les toits du château (étapes 4 et 5 p. 18). Colle-le.

Chapeau haut de forme

Découpe une petite bande de papier. Roule-la en tube. Colle les 2 extrémités. Découpe et colle une rondelle de papier pour fermer le chapeau. Colle-le sur le personnage

Roi, princesse ou magicien, à toi d'inventer plein de personnages !

Boîtes cadeaux

Matériel ***• petites boîtes d'emballage • peinture et pinceaux • papiers de couleur • • colle • ciseaux • compas • perforatrice (facultatif) •***

Boîtes

1

Peins les boîtes. Laisse sécher.

2

À ta guise, ajoute des décors de papier : bandelettes collées, motifs aux angles, etc.

Pompon à franges

1

Découpe des bandelettes. Avec l'une d'elles, confectionne un anneau. Passe les autres à l'intérieur, plie-les et attache-les.

2

Avec un adulte, entaille le centre du couvercle. Passe une boucle dans l'anneau du pompon et colle-la sous le couvercle.

Pompon rond

Trace 6 ronds de même taille. Plie-les en deux et colle-les deux à deux, en emprisonnant une bandelette de papier. Colle l'extrémité sous le couvercle.

Attache une jolie étiquette pour noter un petit message.

Carte animée

Matériel ***• papiers blanc et de couleur • colle • ciseaux • crayons de couleur • • crayon à papier • règle • attache parisienne • feutre noir • cartonnette (16,5 x 16,5 cm) • • peinture et pinceaux •***

Les patrons se trouvent à la fin du livre.

1

Sur du papier bleu, trace 2 carrés de 17 cm de côté. Sur l'un des deux, ajoute des languettes de 1 cm de large et une fenêtre. Découpe-les.

2

Superpose les 2 carrés. Découpe une encoche sur le côté ainsi que sur la cartonnette.

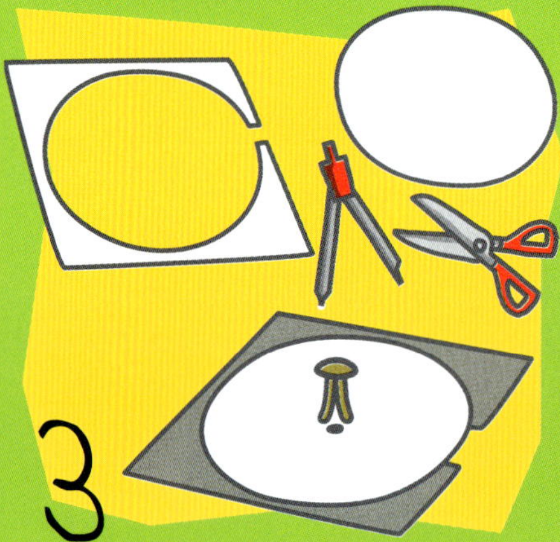

3

Découpe un disque de papier de 16 cm de diamètre. Avec une attache parisienne, fixe le disque en son centre sur la cartonnette.

4

Pose le disque de papier sur l'envers du carré bleu à languettes. Rabats-les. Colle le second carré.

5

Découpe le sol dans un papier bleu foncé. Reporte les patrons du chat et de l'aquarium pour décorer ta carte. Reprends les contours au feutre.

À toi de dessiner ou d'écrire les « pensées » du chat ! Pour cela, fais tourner le disque.

Voiture de course

Matériel ***• rouleau de papier essuie-tout (18 cm) • tube en carton (2,5 cm) • • 4 bouchons en plastique (2 gros et 2 petits) • colle • 2 brochettes en bois (9,5 cm) • • carton fin • peinture et pinceaux • ciseaux • agrafeuse • compas •***

1

Sur une extrémité du rouleau, découpe 2 encoches de 2 cm de long, l'une face à l'autre. Aplatis l'autre extrémité et agrafe-la.

2

Découpe un rectangle (4 x 8,5 cm) et une rondelle de carton fin du diamètre du tube en carton. Colle la rondelle.

3

Peins le carton fin, le rouleau et le tube. Laisse sécher avant d'ajouter les détails.

4

Demande à un adulte de percer le centre des bouchons. Trace au compas 8 cercles de 2 cm de diamètre. Découpe-les et peins-les.

5

Assemble ta voiture. Transperce l'avant et l'arrière de la voiture avec les brochettes. Enfile chaque roue entre 2 rondelles de carton, collées sur la brochette. Colle le pilote.

Pour que les roues puissent tourner, ne colle pas les bouchons en plastique sur les brochettes.

Toutou tout articulé

Matériel ***• rouleau de papier essuie-tout • peinture et pinceaux • ciseaux • • colle • papier blanc • perforatrice • perle ou cotillon rouge • 2 brochettes en bois • • ficelle • cartonnette • règle •***

Les patrons se trouvent au début du livre.

1

Découpe dans le rouleau trois morceaux de 9 cm, 6,5 cm et 5 cm. Dans la cartonnette, trace et découpe une rondelle de carton. Colle-la sur le plus grand rouleau.

2

Peins les 3 rouleaux. Peins les dents sur le plus grand. Laisse sécher. Colle la perle à la place de la truffe.

3

Reporte les détails du corps sur la cartonnette. Découpe-les, peins-les et colle-les sur le chien.

4

Perce des trous, comme sur le dessin. Relie les rouleaux à l'aide de la ficelle.

5

Perce un trou au milieu du premier et du dernier rouleau. Glisse et noue un morceau de ficelle dans chacun d'eux. Attache l'autre extrémité à une brochette.

Pour animer ton chien, agite doucement les brochettes !

Labyrinthe infernal

Matériel ***• couvercle de boîte à chaussures • carton fin • rouleau de papier toilette • 2 tubes en carton • 3 piques apéritif • papiers de couleur • peinture et pinceaux • • colle • ciseaux • bille • règle •***

1

Découpe des bandes de carton de différentes longueurs et de la hauteur du bord du couvercle. Prévois aussi des portes.

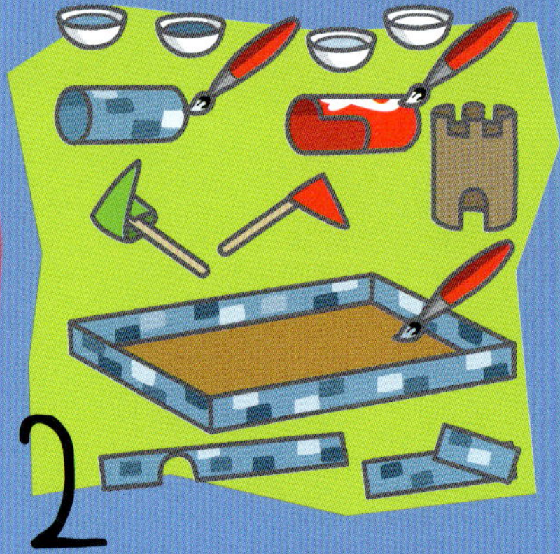

2

Fabrique 2 tunnels et une tour avec les tubes et le rouleau. Décore-les. Peins le couvercle et les bandes. Fabrique aussi 2 drapeaux.

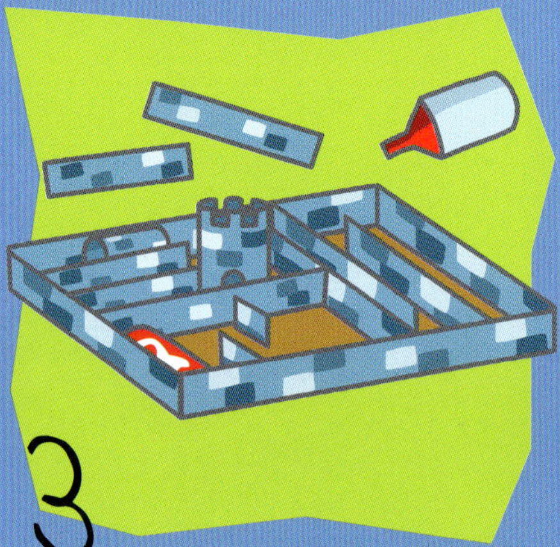

3

Colle tous les éléments dans le couvercle en vérifiant que la bille pourra passer partout.

4

Perce un trou pour créer un piège et peins une cible autour.

La roulette

Dans du papier vert, découpe 4 carrés de 4 cm de côté. Plie-les en deux. Colle-les en emprisonnant un pique au centre. Fais 2 encoches dans les parois pour y glisser la roulette.

Place la bille
au niveau du drapeau
vert. Incline le plateau
pour faire circuler
la bille entre les murs,
jusqu'au drapeau rouge.
Attention aux pièges !

Décorations de Noël

Matériel • *papiers de couleur et à motifs (scrapbooking, origami...)* • *cartonnette* • • *petites attaches parisiennes* • *ciseaux* • *règle* • *colle* • *ficelle métallisée* • *crayon* •

Boule

1

Découpe 13 bandes de 15 x 1 cm dans des papiers.

2

Assemble les bandes en fixant 2 attaches parisiennes à chaque extrémité.

Étoiles

1

Reporte le patron sur la cartonnette. Découpe. Recouvre l'étoile de papier.

2

Dans du papier de couleur, découpe 3 fleurs de tailles variées. Colle-les au centre de l'étoile en les superposant.

Le patron des étoiles se trouve à la fin du livre.

Cercles suspendus

Découpe 7 bandes de 1,5 cm de large et de longueurs croissantes. Colle les extrémités pour former des cercles. Colle les cercles ensemble.

**Attache un morceau de ficelle pour suspendre tes décorations.
Pour l'étoile, demande à un adulte de percer un petit trou.**

Perles en papier

Matériel ***• feuilles blanches A4 • brochette en bois • magazines • perles en bois • • colle • ficelle • peinture et pinceaux • ciseaux • règles •***

Perles

1

Dans la longueur d'une feuille, découpe des bandes de papier, de 2 cm de largeur.

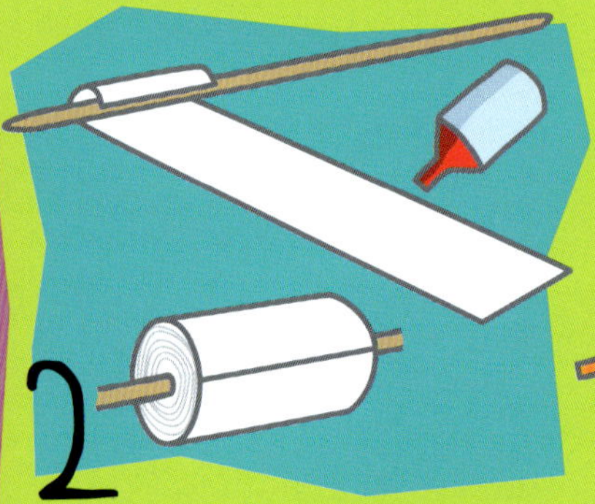

2

Encolle la bande et enroule-la autour de la brochette. Laisse sécher avant de retirer la brochette. Pour obtenir une plus grosse perle, enroule plusieurs bandes, les unes sur les autres.

3

Dans les magazines, découpe des rectangles de motifs de 2 x 4 cm. Colle-les sur les perles. Tu peux aussi les peindre.

Pantin

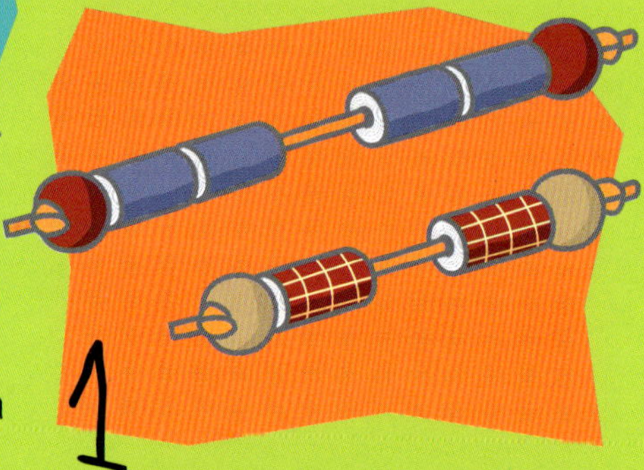

1

Pour les jambes, enfile 2 perles en bois et 4 perles en papier sur de la ficelle. Pour les bras, enfile 2 perles en bois et 2 perles en papier.

2

Plie en deux un brin de 30 cm. Noue-le entre les 2 jambes. Enfile 1 perle en papier pour le corps. Fais un nœud entre les bras. Enfile la tête. Termine par un nœud.

Avec tes perles de papier, tu peux aussi créer des colliers, des bracelets, ou des grigris.

Table des matières

Tu aimes bricoler ? Tu trouveras d'autres idées dans les livres des Éditions Fleurus

Collection Les Petits Créateurs

Pâte à sel
Mousse
Papier
Argile
Papier mâché
Bricolo-récup
Pâques
Papier crépon
Noël
Mosaïques
Flocons de maïs
Déguisements
Château fort
Petits bijoux
Rouleaux et carton
Pompons
Masques
Animaux rigolos
Maquillages
Premiers origami

Les petits créateurs bricolent

Collection Les bricolous (livres-kits)

Scoubidous rigolos
Animaux en ballons
Bracelets brésiliens
Maquillages de fête
Scoubidous brillants
Incroyables tours de magie
Tours de cartes faciles
Défis magiques
Jolis grigris
Origami facile
Mes petits messages
Farces et blagues
Détectives de choc
Illusions d'optique

Collection Fleurus Fabric'

Le manuel des maternelles
Les bricolages des 6-10 ans
Les activités d'éveil des tout-petits

Bas les masques !

pages 16-17

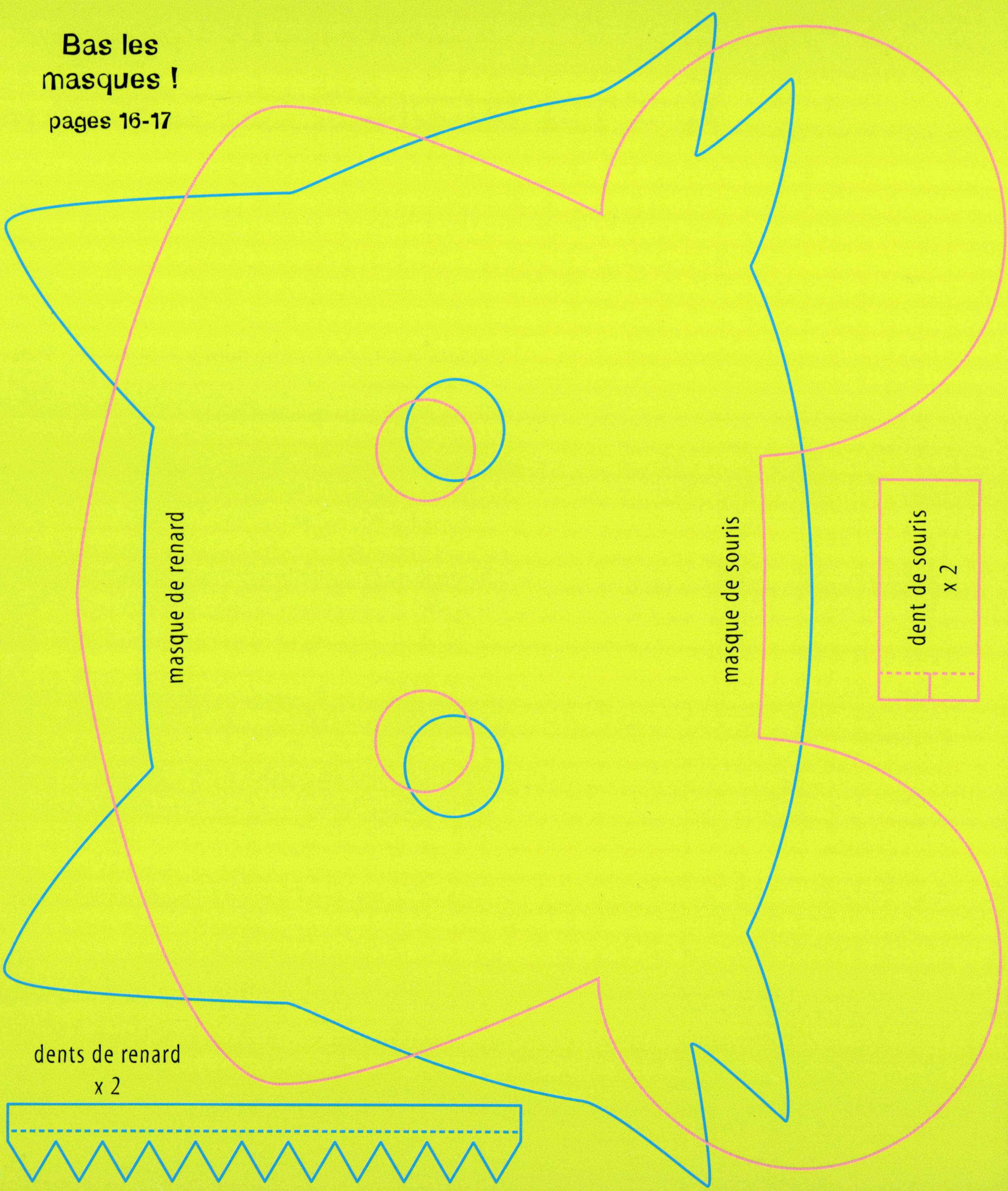